Erfolgreiche Werbetexte: Was steckt hinter dem Geheimnis, um im Internet erfolgreich zu werben und so neue Kunden für deinen Online-Shop oder deine Webseite zu gewinnen?

von
Jamal Bouassiria

Die besten Ideen kommen mir, wenn ich mir vorstelle, ich bin mein eigener Kunde. – *Charles Lazarus*

Inhaltsverzeichnis

Vorwort 1

Die wichtigsten Basics für erfolgreiche Werbetexte und mehr Leser 3

Das steckt hinter dem Geheimnis eines erfolgreichen Werbetextes 3

Bestellen Sie JETZT, bevor das Angebot ausläuft - Die wahre Essenz eines erfolgreichen Werbetextes 4

Welche Wirkung der Vertrauensvorschuss hat 5

Ein gutes Verhältnis von Meinungen und Tatsachen........ 6

Verkaufen Sie Ihren Leser nicht für dumm 7

Wie wichtig sind Zwischentitel? 8

Wie Sie die Welt auf den Kopf stellen 9

Warum Sie nicht drängeln sollten 10

Jeder Artikel ein neues Abenteuer? 12

Keine Angst vor neuen Ideen 13

Bonus:

Die Liste der 25 Wörter, die verkaufen 14

20 Wörter, die nicht verkaufen 15

Die Komponenten eines Werbetextes 16

Produktwerbung 21

Andere sollen ruhig für Sie Werbung machen 22

Bahnbrechende Verkaufsideen 24

Machen Sie aus Ihrem Verkaufstext eine Geschichte oder einen Bericht 33

Schlusswort 39

Vorwort

Haben Sie sich auch schon öfters gefragt, woraus ein guter Werbetext besteht? Dann sind Sie hier genau richtig. Hier erfahren Sie nicht nur, was einen erfolgreichen Werbetext ausmacht, sondern auch, was Sie bei der Umsetzung alles zu beachten haben. Dabei werde ich Ihnen jeden einzelnen Schritt genauesten erläutern. Es lohnt sich also Notizen zu machen! Hier werden Sie auch einige Dinge lernen, die Ihnen vielleicht zuvor als unwichtig erschienen. Das sollte Sie, aber nicht vor der Umsetzung hindern. Schnappen Sie sich also ein Notizbuch, einen Stift und lesen Sie die folgenden Kapitel mit viel Aufmerksamkeit durch. Es wird sich lohnen!

Wer aufhört zu werben, um Geld zu sparen, kann ebenso
seine Uhr anhalten, um Zeit zu sparen.

Henry Ford

Die wichtigsten Basics für erfolgreiche Werbetexte und mehr Leser

Das steckt hinter dem Geheimnis eines erfolgreichen Werbetextes

Wir leben im 21. Jahrhundert. Einem Jahrhundert, in dem Werbetexte für Unternehmen immer wichtiger und gefragter werden. Doch was steckt eigentlich wirklich dahinter und woran erkennt man einen erfolgreichen Werbetext? Eigentlich ist es kein Geheimnis, wenn man genauer hinschaut.

Einen erfolgreichen Werbetext erkennen wir meistens daran, dass er einzigartig ist. Er hat etwas anderes, womit seine Konkurrenten nicht mithalten können. Wenn man versucht diesen Text dann nachzuahmen, wird er jedoch oftmals nur als billiges Plagiat wahrgenommen. Ein erfolgreicher Werbetext ist also immer daran zu erkennen, dass er aus der

Masse heraussticht. Er macht sich zu etwas Besonderem und somit gleichzeitig auch erkennbar.

Zitate können dem Werbetext ebenfalls das gewisse Etwas verleihen. Im Großen und Ganzen erfüllt ein Werbetext immer seinen Zweck: Er will mit den besten Mitteln die geeignete Zielgruppe so gut wie möglich erreichen. Auf diese Weise kann er seinen Zauber erst so richtig zum Ausdruck bringen.

Bestellen Sie JETZT, bevor das Angebot ausläuft - Die wahre Essenz eines erfolgreichen Werbetextes

Vielleicht haben Sie es auch schon mal erlebt, dass Sie ein Werbetext oder Werbung gepackt hat. Doch woran liegt das eigentlich und was steckt hinter der wahren Essenz eines erfolgreichen Werbetextes? Ein erfolgreicher Werbetext holt den Leser genau da ab, wo er sich gerade befindet. Meistens ist es eine Situation, wo sich der Leser noch nicht so gut fühlt und mit einem bestimmten Problem zu kämpfen hat. Dann entführt der Werbetext den Leser in eine neue Welt, die viel schöner ist als die jetzige. Mit dem Werbespruch soll so gut wie möglich vermittelt werden: Jetzt noch zugreifen, bevor die Traumwelt auch schon wieder verschwunden ist. Mit Knappheit zu spielen ist immer ein gutes Mittel, um schnell neue Kunden für sich zu gewinnen.

Ein Blick auf die Werbewelt verrät: Es wird sehr oft das reine Glück und praktische Lösungen für jedes Problem angeboten. Egal ob es sich um die Autoindustrie oder Modebranche handelt. Das Vorgehen ist meist immer das Gleiche: Mit dem Werbetext müssen wir dem Leser die passende Lösung für sein aktuelles Problem anbieten. Auf diese Weise können wir ihn als Kunden gewinnen. Wenn wir das gut machen, wird der Preis am Ende ebenfalls keine große Rolle spielen. Neue Leser sind dann auch gewollter, dazu passende Finanzierungsmöglichkeiten zu finden, wenn einen die Lösung wirklich weiter bringen soll. Wenn es der Werbetext schafft Zweifel auszuräumen, dann gibt es für den Leser bzw. Kunden keine Zweifel mehr: Er ist gewillt zu kaufen und auch den entsprechenden Preis dafür zu zahlen.

Welche Wirkung der Vertrauensvorschuss hat

Das Vertrauen zwischen dem Kunden und Unternehmen ist besonders wichtig und beeinflusst gleichzeitig auch das

Image. Ein tolles Vertrauensverhältnis kann zum Beispiel dadurch geschaffen werden, indem die Erwartungen des Kunden übertroffen werden. Dafür muss man natürlich ein gutes und qualitativ hochwertiges Produkt anbieten. Das Produkt an sich ist die halbe Miete des Marketings.

Ein Vertrauensverhältnis zu seinem Kunden aufzubauen, braucht Pflege. Ein Vertrauensvorschuss lässt sich zum Beispiel dadurch aufbauen, indem man dem Kunden ein bestimmtes Angebot macht oder ihm einen Rabatt anbietet. Mit Hilfe von Emails wie auch Social Media kann man dieses Vertrauen schaffen und dann auch pflegen. In einem großen Unternehmen delegiert man diese Aufgaben meist an Angestellte oder Freelancer weiter, da man selbst dafür keine Zeit mehr findet.

Ein gutes Verhältnis von Meinungen und Tatsachen

Vielleicht ist Ihnen beim Lesen verschiedener Zeitschriften schon einmal aufgefallen, dass einige mehr meinungsorientiert sind und sich die anderen mehr auf Tatsachen stützen. Die gute Nachricht ist, dass für einen gelungenen Werbetext beide Faktoren wichtig sind. Sowohl die Meinungen spielen eine große Rolle wie auch die Tatsachen.

Wenn Sie zum Beispiel einen Werbetext über eine Hautcreme verfassen, dann können sie nicht nur die ganze Zeit darüber sprechen wie gut sie diese Creme persönlich finden. Neben Ihrer persönlichen Meinung, sollten sich auch einige Tatsachen im Bezug auf die Funktionen wie auch Eigenschaften der Creme wiederfinden. In einem Werbetext lassen sich diese beiden Dingen zum Glück gut miteinander kombinieren. So können Sie ein gutes Verhältnis zwischen Meinungen und Tatsachen schaffen und den Zauber von Werbetexten so richtig zum Blühen bringen.

Auf diese Weise vermeiden Sie zudem Missverständnisse wie auch Umschweifungen. Man kann nur Hoffnung hegen, wenn man dem Leser zuerst mit Tatsachen und Fakten dafür gute Gründe gibt. Ihre Meinung wird dadurch im Endeffekt auch glaubwürdiger rüber kommen.

Verkaufen Sie Ihren Leser nicht für dumm

Seine Leserschaft und seine Zielgruppe gut zu kennen, ist einer der wichtigsten Grundsteine erfolgreicher Werbetexte wie auch eines Business. Behauptungen, die Sie in Ihrem Werbetext aufstellen, sollten gut begründet sein. Ansonsten kann es sehr schnell vorkommen, dass Sie Ihren Leser für dumm verkaufen. So kann man schon mal den ein oder anderen wichtigen Kundenstamm verlieren. Wenn Sie zum Beispiel die Behauptung aufstellen, dass Ihre neue Creme Falten bekämpft, dann müssen Sie dafür auch gute Gründe finden. Viele Unternehmen machen das mittlerweile auf die Weise, dass sie genauer auf die Eigenschaften der Creme eingehen. Sie müssen das Rad nicht neu erfinden: Sie können den gleichen Weg nutzen und für Ihr Produkt ändern.

Authentizität und Aufrichtigkeit hat sich in den letzten Jahren bewährt gemacht. Seinem Kundenstamm etwas vorzuspielen, kann nur auf kurzfristige Dauer gut gehen. Versuchen Sie sich in die Lage Ihres Lesers zu versetzen und lesen Sie sich Ihren Werbetext vor Veröffentlichung noch einmal gut durch und fragen Sie sich: Würde Sie das wirklich überzeugen?

Wie wichtig sind Zwischentitel?

Zwischentitel tauchen heute fast überall auf. Doch wie wichtig sind sie wirklich, um den Leser zu überzeugen und ein gutes Vertrauensverhältnis zu schaffen? Ein Zwischentitel ist ein gutes Tool, um Neugier zu wecken. Mit einem Zwischentitel können Sie die Vorlieben Ihres Lesers aufleben lassen. So ist er später mehr gewillt dazu, weiter zu lesen, und ist gespannt auf den eigentlichen Text.

Ein Zwischentitel muss nicht zwingend ein einfacher Satz sein. Viele nutzen auch eine offene Frage, um mehr Interesse und Neugier zu wecken. Wie weit Sie persönlich gehen wollen, müssen Sie selbst abschätzen können. An Sinnhaftigkeit sollte Ihr Zwischentitel niemals verlieren. Auf Notlügen sollte man verzichten. Früher oder später wird dies die eigene Leserschaft sowieso bemerken.

Wie Sie die Welt auf den Kopf stellen

Seine Zielgruppe gut zu kennen, ist wichtig. Darüber haben wir schon am Anfang gesprochen. Sich darauf zu fixieren, kann aber gefährlich sein. Wer sich darüber wundert, dass er keine neuen Kunden mehr finden kann, sollte vielleicht einen Blick auf seine Strategien werfen. Diese können nämlich veraltet sein und sollten sich an neue Gegebenheiten anpassen. In der Praxis kann dies auch bedeuten, dass man seine Grenzen überschreiten muss. Vielleicht muss man nach neuen Lösungen, Produkten oder gar einer komplett neuen Marketingstrategie suchen.

Wer in der eigenen Routine gefangen ist, wird niemals weiter kommen und kann sich in seinem Business auch nicht weiterentwickeln. Um da auszubrechen, kann man auch damit beginnen, neue Wege kennen zu lernen und zum Beispiel ein Seminar zum Thema Marketing zu besuchen. Im 21. Jahrhundert ist schon länger bekannt, dass man seine Zielgruppe viel besser mit Social Media, als mit dem Fernsehen erreichen kann. Das liegt daran, dass sich die Menschen mit sozialen Medien schneller und einfacher erreichen lassen, die sich für einen und das eigene Produkt interessieren.

Warum Sie nicht drängeln sollten

Drängeln ist ein Fehler, der von Anfängern häufig wiederholt wird. Wir erhoffen uns dadurch, mehr zu erreichen. In Wirklichkeit verfehlen wir damit unser Ziel und drängen unsere Leser immer weiter weg von uns. Wer nämlich meint, dem Leser in jedem Satz sagen zu müssen, was er zu tun hat, übersieht den freien Willen von ihm. So können sich auch Widerstände aufbauen und der Leser wird Ihre Website im schlimmsten Fall nie wieder besuchen.

Nicht jeder Besuch auf einer Website ist automatisch auch ein Kaufwunsch. Die Gründe hierfür sind vielfältig. Auch wenn wir im 21. Jahrhundert mehr und mehr eine Konsumgesellschaft geworden sind, wollen sich Menschen trotzdem nicht die ganze Zeit manipulieren lassen. Auf Ihrer Website sollten Sie Ihrem Kunden also auch Freiraum geben.

In der Praxis kann dies so aussehen, dass Sie auch mal Content veröffentlichen, der nicht direkt zum Kauf auffordert. Content, der Kunden wirklich weiter hilft und dazu auch noch kostenlos ist, baut ein großes Vertrauensverhältnis zu Ihnen und Ihrer Seite auf. Nicht bei jedem Artikel müssen sich 10 Kauf-Buttons wiederfinden. Manchmal kann man auch eine Kaufaufforderung unbewusst einbauen. Dann ist die Wahrscheinlichkeit auch höher, dass der Leser am Ende zuschlagen wird.

Jeder Artikel ein neues Abenteuer?

Erwachsene können im Gegensatz zu Kleinkindern selbstständig denken. Daher wollen sie auch eher knallharte Fakten hören, als irgendeine schöne Geschichte. Das sollte auch Ihr Prinzip sein, wenn es um Werbetexte geht. Sie können die knallharten Fakten auch ruhig ungeschminkt präsentieren. So zeigen Sie Ihrer Leserschaft, dass Sie nichts zu verbergen haben. Über die Wichtigkeit von Authentizität wurde schon zu Beginn gesprochen.

Sie sollten bei Werbetexten mit offenen Karten spielen. Versuchen Sie fair zu sein und versprechen Sie nur das, was Sie auch halten können. Falsche Versprechungen werden bei Ihrer Leserschaft überhaupt nicht gut ankommen. All das wird Sie aber nicht davon abhalten, gut zu verkaufen. Fakten lassen sich auch auf einem Silbertablett servieren. Sie sollten sich der Sprache bedienen und so gut wie möglich mit ihr spielen. Mit Zahlen und Fakten kann man einen Leser meistens auch eher zum Kauf überzeugen. Auf diese Weise zeigen wir nämlich, dass wir es ernst meinen und nicht einfach nur irgendwelche Märchen erzählen.

Keine Angst vor neuen Ideen

Viel zu viele Menschen haben noch Angst vor Veränderung, obwohl es dies ist, was heutzutage gefragt ist. Veränderungen können auch die Kassen schnell füllen. Keine Angst also vor neuen Ideen! Sie können auch oftmals die Lösung sein, wenn gerade alles etwas aussichtslos erscheint.

Dafür müssen Sie nicht zwingend ein neues Produkt auf den Markt bringen und jede Menge Geld investieren. Antesten reicht in den meisten Fällen schon aus. Man bringt nicht nur sein eigenes Unternehmen mit neuen Ideen weiter. Leser und Kunden freuen sich generell immer auf Neues. Nutzen Sie also die Chance, wenn Ihnen einmal eine komplett neue Idee in den Sinn kommt.

Bonus:

Die Liste der 25 Wörter, die verkaufen:

1. verstehen
2. Gesundheit
3. Garantie
4. sparen
5. Liebe
6. Recht
7. Wahrheit
8. Stolz
9. Verdienst
10. Vertrauen
11. Geborgenheit
12. leicht
13. Geld
14. neu
15. Entdeckung
16. Ergebnisse
17. Gewinn
18. glücklich
19. Wert
20. Spaß
21. Sie
22. Sicherheit
23. Vorteil
24. positiv
25. Nutzen

Neben den 25 Wörtern, die verkaufen, gibt es noch eine Liste mit 20 Wörtern, die auf gar keinen Fall etwas in Verkaufstexten zu suchen haben. Liest jemand mit Kaufinteresse eines dieser Wörter, werden bei ihm im Unterbewusstsein die Alarmglocken aktiviert.

1. Kosten
2. bezahlen
3. unterschreiben
4. Sorgen
5. verlieren
6. kaufen
7. schlecht
8. verkauft
9. Entscheidung
10. schwierig
11. verpflichtet
12. Verbindlichkeit
13. Vertrag
14. versuchen
15. Verlust
16. Schmerzen
17. Tod
18. verkaufen
19. Preis
20. Verpflichtung

Ein typischer Verkaufstext ist aus folgenden Komponenten aufgebaut:

Überschrift

Dafür werden Sie 80-90% Ihrer Zeit aufwenden. Die Überschrift ist das Erste, was die Leute sehen, wenn sie z.B. auf Ihre Internetseite kommen, und vielleicht ist es das Einzige, was Sie lesen. Die Überschrift ist vielleicht Ihre einzige Möglichkeit, das Interesse eines Menschen zu wecken und aus einem Interessenten einen Kunden zu machen.

Sie werden verschiedene Überschriften testen, damit Sie reichlich Traffic für Ihre Webseite bekommen und schließlich mit der besten Überschrift die beste Konversionsrate erhalten.

Aber auch wenn Sie Ihren Ratgeber nicht über Ihre Webseite verkaufen, sondern über Amazon.de, bookrix.com & Co. benötigen Sie einen solchen aussagekräftigen Verkaufstext.

Untertitel

Ihre Untertitel richten sich nach der Überschrift. Sie können dabei auf erreichte Erfolge hinweisen und die Leute dazu animieren, Ihren Verkaufstext zu lesen.

Sich mit dem Leser identifizieren und sein Problem verstehen

Nach der Einführung müssen Sie sich mit Ihrem Leser identifizieren und ihm zeigen, dass Sie sein Problem verstehen. Hier machen Sie dem Leser sein Problem bewusst und Sie machen ihm klar, dass er eine Lösung für sein Problem braucht (die Lösung ist Ihr Produkt).

Sagen Sie ihm, warum Sie ihm helfen können

Jetzt müssen Sie Empfehlungen von Kunden einfügen und sagen, wie Ihr Produkt dem Kunden weiterhelfen wird. Teilen Sie potentiellen Kunden mit, warum Sie Ihnen helfen können und zeigen Sie, dass Ihr Produkt die Lösung für ihr Problem ist.

Beweise

Sie müssen dem Interessenten einen Beweis dafür liefern, dass Ihr Produkt auch hält, was es verspricht. Dies können

Sie tun, indem Sie Bewertungen von Kunden veröffentlichen, gleichgültig in welcher Form. Ein Bild des Kunden gibt der Bewertung mehr Glaubwürdigkeit, es macht einen guten Eindruck, wenn Sie den kompletten Namen und den Wohnort des Kunden angeben, anstatt nur mysteriöse Initialen. Das hilft WIRKLICH, zu verkaufen.

Erklären Sie, warum Ihr Produkt das Problem löst

Dann gehen Sie bezüglich des Problems mehr ins Detail und erklären, warum Ihr Produkt es lösen wird. Diese Aussagen bauen auf dem auf, was Sie vorher schon geschrieben haben, und bereiten den Kunden darauf vor, was er zu erwarten hat.

Sagen Sie Ihren Kunden, was sie zu erwarten haben

Sagen Sie Ihren Kunden gerade heraus, was auf sie zukommt. Bleiben Sie nicht vage, denn das wird die Leute abschrecken – sie werden das Gefühl haben, dass Sie etwas zu verbergen haben. Geben Sie aber nicht alles preis, was Sie zu bieten haben. Das ist ein schwieriger Balanceakt, aber den müssen Sie schaffen. Verwenden Sie, wenn möglich, Produktbilder, um das Produkt in den Gedanken des Lesers zu stärken.

Geben Sie Boni

Die Leute lieben kostenlose Geschenke. Aber bleiben Sie realistisch. Bieten Sie nicht Geschenke im Wert von 17.982.348,09 € an, bei einem Produkt für 8,00 €, denn das ist realitätsfern und der Leser wird unter Umständen misstrauisch. Bleiben Sie realistisch und bieten Sie keinen alten Ramsch an. Geben Sie Boni, die auf das Hauptprodukt aufbauen. Wenn Ihre kostenlosen Boni keinen Bezug zu Ihrem eigentlichen Produkt haben, werden die Leute sich nicht dafür interessieren, weil es nicht dazu beiträgt, Ihr Problem zu lösen.

Eine Garantie ist wichtig

Geben Sie eine Garantie und halten Sie sich daran. Wenn Sie eine Garantie geben, ist es wirklich wichtig, dass Sie sich auch daran halten. Je länger die Garantie ist, die Sie bieten, umso geringer werden die Erstattungen ausfallen (vorausgesetzt Ihr Produkt ist qualitativ hochwertig).

Aufruf zum Handeln

Jetzt brauchen Sie noch einen Aufruf zum Handeln. Sagen Sie Ihrem Kunden, was er tun soll. Wollen Sie, dass er sich als

Mitglied auf Ihrer Seite anmeldet, dass er sich registriert, dass er etwas kauft?

Was es auch ist, sagen Sie es ihm, wiederholen Sie die wichtigsten Vorteile Ihres Produkts und fordern Sie die Leute zum Handeln auf, denn das wird ihr Problem lösen.

Abschluss

Schließen Sie den Verkaufstext mit einem weiteren Aufruf zum Handeln ab. Erinnern Sie die Leute daran, dass Sie heute noch handeln müssen. Verabschieden Sie sich auf positive Weise!

P.S.

Am Schluss sollten Sie noch zwei oder drei P.S.'s anhängen. Hier wiederholen Sie Ihre Garantie und die wichtigsten Vorteile Ihres Produkts und den Aufruf zum Handeln.

Nehmen Sie sich Zeit für Ihre Werbetexte, denn diese kann man nicht so einfach aus dem Handgelenk schütteln. Es empfiehlt sich, den Verkaufstext am Stück zu verfassen, machen Sie nicht zu viele Pausen, denn dann könnten Sie den Faden verlieren.

Sie müssen Ihren Zielmarkt verstehen, wenn Sie erfolgreiche Werbetexte schreiben wollen. Wo gibt es Probleme? Gibt es wichtige ungeklärte Fragen? Wonach suchen Sie?

Wenn Sie diese Fragen beantworten können, wird es Ihnen leichter fallen, einen guten Werbetext zu verfassen.

Wenn Sie Ihren Verkaufstext fertig gestellt haben, ist es an der Zeit, dass Sie ihn optimieren, um die Konversionsrate zu verbessern. Sie können verschiedene Überschriften ausprobieren und andere Komponenten variieren, um zu sehen welche Variante, die beste Konversionsrate bringt.

Die Fähigkeit Werbetexte zu erstellen, ist sehr nützlich und Sie werden diese nicht nur in Verkaufstexten brauchen, sondern auch beim Verfassen von Artikeln, Anzeigentexten, Werbetexten in AdWords usw. Nehmen Sie sich Zeit, diese Kunst zu lernen, denn für Ihre Karriere als ebook-Autor/in wird dies sehr nützlich sein.

Produktwerbung

Wenn Sie Ihr Produkt produziert, Ihren Verkaufstext verfasst und alles auf Ihrer Internetseite hochgeladen haben, brauchen Sie natürlich Traffic auf Ihrer Webseite .

Das ist genauso wichtig, wie das Produkt selbst und auch dies ist ein Schritt, den Sie selbst tun oder an Freiberufler delegieren können. Eine komplette Einführung in die Kunst, wie man Traffic generiert, würde zu weit führen, aber Sie werden einen Überblick über die entsprechenden Techniken erhalten und wie sie angewendet werden.

Andere sollen ruhig für Sie Werbung machen

Nachdem Sie gerade die Überschrift gelesen haben, werden Sie bestimmt denken: Wie jetzt? Andere sollen für mich Werbung machen? Mich kennt doch keiner!"
So absurd es klingt, aber genau das geht. Gehen Sie mal auf www.digistore24.com. Digistore24 bietet nicht nur einen Dienst an, mit dem Sie online ihr ebook hochladen und verkaufen können. Nein, Digistore geht noch einen Schritt weiter. Wie? Also gut, ich erkläre es Ihnen: Mal angenommen Sie haben ein Kochbuch geschrieben, laden es bei Digistore24.com zum Verkauf hoch und da steht es nun. Jeder kann es jetzt kaufen. Nun gibt es aber noch den sogenannten „Promolink". D.h., jedes registrierte Digistore-Mitglied kann sich von Ihnen einen Promolink holen (dieser

befindet sich dann auf Ihrer Verkaufsseite bei Digistore24). Soweit so gut!

Jetzt kommt zum Beispiel Herr Müller. Herr Müller hat eine gut gehende Webseite die sich mit Ernährung befasst. Herr Müller sieht Ihr Kochbuch auf Digistore24, findet es gut und möchte es gerne auf seiner Webseite verkaufen. Er macht nun nichts anderes, als dass er sich Ihren Promolink holt und diesen dann auf seine Webseite setzt. Jedes Mal, wenn nun ein Webseitenbesucher von Herrn Müller auf diesen Link klickt und ein Ebook kauft, haben sie gewonnen und verdient. Und das, obwohl ihr Ebook auf der Webseite von Herrn Müller verkauft wird.

Das macht Herr Müller natürlich nicht ganz ohne Hintergedanken. Er möchte nämlich an Ihrem Ebook verdienen. Und das wird er auch – und zwar die Provision, die Sie vorher festgelegt haben. Haben Sie eine Provision von 40% festgelegt, bekommen Sie logischerweise die 60% vom Verkaufspreis, den Sie natürlich auch vorher festgelegt haben.

Jetzt verkaufen Sie nicht nur Ihr Ebook auf IHRER Webseite, sondern vielleicht auf Amazon, auf Digistore24 und nun verkauft auch noch Herr Müller Ihr Ebook. Und wer weiß, eventuell verkauft morgen noch Frau Schmidt und

Herr Krause Ihr Buch und so geht das dann immer weiter. Der Rubel wird rollen. Nicht gleich heute und auch nicht nächste Woche aber Schritt für Schritt wird das schon was werden.

Hier nochmal die Adresse: www.digistore24.com

Bahnbrechende Verkaufsideen

Gestalten Sie Banneranzeigen, die animiert sind und die eine Klickaufforderung enthalten. Sie müssen die Aufmerksamkeit der Leute erregen und sie dazu bringen zu klicken. Zum Beispiel könnten Sie blinkende Lichter verwenden wie in Las Vegas. Und fordern Sie ausdrücklich zum Klicken auf beispielsweise mit ***„Klicken Sie hier!“*** oder ***„Klicken Sie, um mehr zu erfahren!“.***

Verwenden Sie Popup Fenster auf Ihrer Website!

Sie erregen die Aufmerksamkeit Ihrer Besucher, weil Sie nicht zu übersehen sind. Mit einem Popup könnten Sie die Möglichkeit bieten, sich für Ihren Gratis-Newsletter einzutragen.

Oder Sie könnten ihnen ein Überraschungsangebot machen, wenn sie in den nächsten Minuten kaufen, wobei ein Timer die verbleibende Zeit runter zählt.

Kaufen Sie sich entsprechende Bücher und Ebooks und lernen Sie daraus alle Online-Werbeideen, die es so gibt.
Machen Sie sich Notizen beim Lesen. Legen Sie sich eine Liste mit Tipps an, die Sie auf Ihr eigenes Business anwenden könnten.

Analysieren Sie alle Ihre Werbebemühungen!
Konzentrieren Sie sich auf diejenigen, die funktionieren, und lassen Sie die sein, die nichts bringen.
Verschwenden Sie nicht Ihre wertvolle Zeit!
Wenn Sie z.B. ein Partnerprogramm haben, das seit zwei Monaten keinen Verkauf gebracht hat, lassen Sie es fallen oder testen Sie eine andere Anzeige. Jeder Teil Ihrer Website muss in irgendeiner Form gewinnbringend verwertet werden.

Holen Sie so viel wie möglich aus Ihren Besuchern heraus! Fordern Sie sie auf, Ihren Newsletter zu abonnieren, an Ihrem Blog teilzunehmen, Ihre Seite zu bookmarken usw.

Eines der stärksten Mittel, Leute das tun zu lassen, was Sie möchten, ist, ihnen etwas gratis zu geben oder einen unwiderstehlichen Vorteil zu verschaffen.

Beispiel:

„Sie bekommen 4 kostenlose profitable Ebooks, wenn Sie sich in meinen Gratis-Newsletter eintragen!"

Probieren Sie Textlinks, falls Ihre Banneranzeigen nicht genügend Traffic erzeugen. Leute ignorieren Textlinks oft weniger als Banner.

Behandeln Sie einen solchen Textlink wie die Schlagzeile eines Verkaufsbriefes:

„Wie Sie..."

„Achtung! ..."

„KOSTENLOS..."

„So machen Sie..."

„Neueste Meldung: ..."

Tauschen Sie Content mit anderen Newsletter-Herausgebern oder Webmastern!

Das ist eine sehr effektive Methode, Ihre Links auf andere Websites mit ähnlicher Zielgruppe zu platzieren. Auf diese

Weise können Sie beispielsweise Fachartikel mit anderen Schreibern von Newslettern wechseln. Das geht auch mit Gratis-Ebooks, die jeder Beteiligte weiter verschenken darf.

Sie müssen Ihr Produkt für Ihre Kunden zu jeder Zeit auf Vorrat haben. Wenn Sie selbst erst nachbestellen müssen, könnten Kunden ihre Bestellung zurückziehen.
Bringen Sie das auf Ihrer Website zum Ausdruck durch ***„Stets vorrätig“***, ***„Artikel lieferbar“***, ***„Sofort-Versand“*** usw.

Verwenden Sie Content auf Ihrer Website, durch den Besucher leicht hindurchfinden. Die meisten haben nicht viel Zeit, deshalb sollten Sie Listen, kurze Artikel, konzentrierte Tipps usw. anbieten, z.B.:

Wie man ....

5 Wege für ....

Entdecken Sie...

Integrieren Sie auf Ihrer Website einen Chatroom oder ein Forum!

Gefällt den Usern dies, dann besuchen sie Ihre Seite wieder und beteiligen sich regelmäßig.
Wenn zum Beispiel jemand auf dem Schwarzen Brett eine Frage hinterlässt und jemand darauf antwortet, wird diese Person immer wieder kommen, wenn sie ein Problem hat. Und der Ratgeber auch, weil er helfen möchte.

Erlauben Sie, dass Ihre Beiträge, Texte, Fachartikel auch auf anderen Websites veröffentlicht, in anderen Newslettern abgedruckt oder in Ebooks verwendet werden dürfen.
Das aber immer nur unter der Voraussetzung, dass Sie als Quelle angegeben werden und dass am Ende jedes Artikels die Nachdruckoption erwähnt wird.

Beispiel:

„Jamal Bouassiria ist der Herausgeber der Website „germany-afrika-tv.com"

„Erfahren Sie, wie Sie mit etwas Arbeit, im Internet Geld verdienen können."

„Besuchen Sie: www. germany-afrika-tv.com. Sie dürfen diese Website und deren Texte auf Ihrer Website oder in Ihrem Newsletter veröffentlichen, wenn Sie diese Quellenangabe mit abdrucken."

Erlauben Sie Kollegen, Ihre Gratisangebote als kostenlose Boni in Verbindung mit deren kostenpflichtigen Produkten oder Dienstleistungen zu verwenden.

Fügen Sie in all Ihren Gratisangeboten unbedingt Ihre Werbung ein!

Manche erlauben nur, dass ihre Gratisangebote ausschließlich kostenlos weitergegeben werden. Sie aber sollten das nicht beschränken und die Abgabe auch als Kaufanreiz für kostenpflichtige Produkte erlauben.

Beispiel:

"Sie dürfen dieses Gratis-Ebook als Bonus verschenken!"

Erlauben Sie anderen Webmastern, Ihr Diskussionsforum mitzubenutzen, denn viele haben keins.

Beispiel:

„Sie haben kein eigenes Diskussionsforum? Verlinken Sie auf das unsrige und laden Sie Ihre Besucher ein, es zu nutzen."

Platzieren Sie Ihren Werbebanner gut sichtbar im Forum!

Geben Sie über Ihren Server Gratis-Webseiten ab! Als Gegenleistung für den kostenlosen Webspace dürfen Sie Ihren Werbebanner im Kopfteil der Seite anbringen.

So könnten Sie dafür werben:

„Erhalten Sie 20 MB Webspace GRATIS, wenn Sie unser Banner oben auf Ihrer Website platzieren!"

Erlauben Sie, dass Links Ihrem Website-Verzeichnis hinzugefügt werden dürfen. Im Gegenzug erwarten Sie, dass die anderen Webmaster auch einen Backlink zu Ihnen setzen.

So könnten Sie formulieren:

„Verlinken Sie sich mit unserer Website, und verlinken Sie uns mit Ihrer Website."

Oder:

„Erhöhen Sie mit uns Ihre Backlinks! Alles, was wir erwarten, ist, dass Sie uns auch verlinken."

Erlauben Sie Webmastern, die Online-Dienstleistungen, die Sie kostenlos anbieten, mit zu nutzen und deren Website-Besuchern und Newsletter-Lesern zur Verfügung zu stellen.

Das könnten Services sein wie etwa:

Gratis-Email, Gratis-Email-Beratung, Gratis-Suchmaschinen-Eintragungen und vieles andere.

Werben Sie z.B. so dafür:

„Bieten Sie diesen Gratis-Service Ihren Besuchern an! Es kostet Sie nur einen Backlink auf unsere Website!"

Erlauben Sie auch, gegebenenfalls Ihre Gratis-Software zu verschenken!

Bringen Sie nur vorher etwas Werbung für Ihr Business darin unter.

Zum Beispiel so:

„Diese Software wird Ihnen kostenlos zur Verfügung gestellt von (IHRE URL etc.)."

Oder:

„Diese Gratis-Software wurde erstellt von (IHRE URL etc.)."

Erlauben Sie, Ihre kostenlosen Webdesigns, Grafiken, Fonts, Templates usw. weiter zu verschenken!

Aber fügen Sie Ihre Werbung ein oder verlangen Sie, dass direkt auf Ihre Website verlinkt wird. So können Sie z.B. zur Bedingung machen, dass ein kleiner Hinweis unter die Grafik oder am Fuß der Webpage angebracht wird in der Art von:

„Diese Grafiken sind von (IHRE GESCHÄFTSINFORMATIONEN)."

Oder:

„Dieses Template ist urheberrechtlich geschützt für (IHRE GESCHÄFTSINFORMATIONEN)."

Erlauben Sie Webmastern, eine Gratisanzeige in Ihrem Gratis-Ebook zu schalten, falls diese bereit sind, das Ebook kostenlos an deren Besucher oder Newsletter-Abonnenten weiterzugeben.

Würden Sie nicht auch etwas verschenken, von dem Sie einen Vorteil haben?

Argumentieren Sie so:

„Verschenken Sie dieses Ebook und bestücken Sie es mit Ihren eigenen Links!"

Erlauben Sie nicht nur, dass andere Webmaster Ihr Ebook an Besucher verschenken, sondern auch, dass die Besucher es selbst wieder weiterverschenken dürfen.

Auf diese Weise verbreitet sich Ihre Werbung über das ganze Internet:

Wenn 5 Leute es an jeweils 5 andere weitergeben, und diese 25 wieder an je 5, und diese 125 wiederum an 5, dann haben schon 755 Leute Ihre Werbung kostenlos gelesen – und es hat Ihnen kaum Arbeit bereitet.

Machen Sie aus Ihrem Verkaufstext eine Geschichte oder einen Bericht

Das wird Ihre Besucher eher bereitmachen, ihn zu lesen und sich für Ihr Produkt zu interessieren.

Beispielsweise könnten Sie so einleiten:

„Es war einmal..."

„GRATIS Report!"

"Neulich habe ich folgendes erlebt..."

Geben Sie Ihren Besuchern ein Geschenk, wenn sie eine Umfrage ausfüllen, denn sonst werden sie es kaum tun.

Umfragen bringen wertvolle Erkenntnisse über Ihr Geschäft.

Sie könnten sie etwa so locken:

„Jeder, der diese Umfrage ausfüllt, erhält gratis eine Uhr."

Oder:

„Die ersten 200, die diese einfache Umfrage ausfüllen, erhalten einen Gratis-Taschenrechner!"

Verbessern Sie die Wirksamkeit Ihres Verkaufstextes durch Interesse weckende Begriffe, farbliche Unterlegung von Schlüsselwörtern, Anführungszeichen, Fettdruck wichtiger Teile, Unterstreichungen usw.

Beispiele:

„Sofortige Gewinne",

„Verlieren Sie Gewicht",

„Sparen Sie Geld",

„Steigern Sie Ihre Verkaufszahlen" etc.

Bieten Sie Ihren Besuchern Auswahlmöglichkeiten an, damit sie nicht das Gefühl haben, gezwungen, kontrolliert oder manipuliert zu sein, sondern frei entscheiden zu können.

Lassen Sie sie selber wählen, wie sie bestellen, Kontakt aufnehmen, navigieren möchten usw.

Beispiel:

"Wählen Sie zwischen Basis und Deluxe".

Oder:

„Bestellen Sie online, per Telefon oder per Fax."

Versetzen Sie sich selbst in die Lage Ihrer Besucher! Gestalten Sie die Website für die Besucher, nicht für Sie selber.
Erstellen Sie ein Produkt nach den Bedürfnissen der Interessenten und nicht, weil Sie es selbst kaufen würden.
Wenn Sie zum Beispiel an Leute verkaufen, die befürchten zahlungsunfähig zu werden, überlegen Sie, wie sie fühlen.
Sie möchten Insolvenz vermeiden, Sie sind es leid, sich nichts mehr leisten zu können, sie wollen, dass Gläubiger nicht mehr anrufen oder schreiben, usw..

Holen Sie sich Rat von erfolgreichen Geschäftsleuten!
Beteiligen Sie sich aktiv in Chat-Rooms, Foren und Blogs. Beginnen Sie Unterhaltungen! Lesen Sie deren hilfreiche Informationen, stellen Sie Fragen und bekommen Sie Antworten.
Sie können auch anderer Leute Fragen versuchen zu beantworten und sich so weiterentwickeln.

Verwenden Sie Ihre Boni und Zugaben, um bei Ihren Besuchern ein Gefühl der Dringlichkeit zum Kauf zu erzeugen!

Offerieren Sie ihnen Ihr Hauptprodukt nur für eine begrenzte Zeit.

Beispiel:

„Bestellen Sie heute vor Mitternacht und Sie erhalten 4 Boni GRATIS!"

Oder:

„Bestellen Sie bis zum 25. Juni und Sie bekommen obendrein kostenlos das Ebook XY!

Bieten Sie Ihren Kunden zusätzliche Artikel an, die zu dem gerade gekauften Artikel passen!

Wenn jemand beispielsweise ein elektronisches Spielzeug gekauft hat, dann versuchen Sie, auch die dazu benötigten Batterien mit zu verkaufen:

„Klicken Sie hier, um 4 Batterien für nur 2,95 € mit zu bestellen!"

Oder:

„Klicken Sie hier, um auf die Deluxe Version für nur 10€ extra upzugraden!"

Lassen Sie Ihre Besucher sich gut fühlen, indem Sie ihnen Komplimente machen!

Wenn die Kunden sich gut fühlen, fühlen sie sich wahrscheinlich auch gut, bei Ihnen auf Ihrer Website einzukaufen.

Beispiel:

„Sie gehören zu dem einen Prozent von Menschen, denen es ernst ist, ihr Leben zu ändern."

Oder:

„Sie sind bewundernswert, weil Sie besondere Anstrengungen unternehmen, Ihre finanziellen Probleme zu lösen."

Versuchen Sie, zusätzliche Gewinne über Ihre Website zu erzielen!

Wenn Sie z.B. Ebooks über Online Business verkaufen, sollten Sie auch Dienstleistungen, Kurse und einschlägige Bedarfsartikel anbieten.

Beispiel:

„Herzlichen Dank, dass Sie sich für unser Business-Ebook entschieden haben. Wenn es Ihnen gefällt, vergessen Sie nicht, dass wir auch einen monatlichen Ergänzungsdienst zu diesem Thema für nur 4,95 €/Mo. anbieten."

Fädeln Sie mit anderen Webmastern einen so genannten Cross-Promotion-Deal ein!
Erlauben Sie, Ihr Produkt deren Kunden zu verkaufen. Auf der anderen Seite verkaufen Sie deren Produkt an Ihre Kunden.
Das Produkt sollte eine Beziehung zu Ihrem eigenen Produkt bzw. Ihrer Dienstleistung haben, andernfalls wird es sich sicherlich nicht so gut verkaufen.

Verkaufen Sie Ihr Produkt im Paket mit dem Produkt eines anderen Web-Businesses!
Beide Partner können das Package bewerben und die Gewinne teilen. Wenn Sie zum Beispiel Tennisschläger verkaufen, könnten Sie sich mit einem Tennisball-Spezialisten zusammentun.
Das ist ein Win-Win Joint-Venture-Deal!

Schlusswort

Schon Lust aufs Schreiben bekommen? Sie kennen nun die wichtigsten Grundlagen eines erfolgreichen Werbetextes! Ihre Aufgabe ist es nun anzupacken und umzusetzen. Haben Sie dabei auch keine Angst, neue Schritte zu wagen und neue Dinge auszuprobieren. Daraus können schnell erfolgreiche Geschäftsideen entstehen. Die wichtigsten Grundsteine wie Ehrlichkeit und Authentizität sollten dabei nicht verloren gehen.

Ihr Kundenstamm ist einer der wichtigsten Faktoren in Ihrem Business und den wollen Sie immerhin nicht so einfach verlieren. Treffen Sie also keine voreiligen Entscheidungen, sondern denken sie immer langfristig. So werden Ihre Werbetexte immer mehr und mehr Leser ansprechen und Ihr Business wird expandieren. Wenden Sie die in diesem Buch genannten Tipps und Strategien an und schon nach kurzer Zeit werden sich die ersten Erfolge sichtbar machen. Bei der Umsetzung wünsche Ich Ihnen nur das Beste!

Extra:

Jetzt kommen wir zu einem Teil des Buches, in dem ich Sie um einen Gefallen bitten möchte.

Schreib einfach, was Ihnen ganz besonders gut gefallen hat und natürlich (konstruktiv), solltest du etwas vermisst haben.

Ich lese wirklich jedes Feedback, dass Sie mir unter

info@jamalbouassiria.de

senden und beantworte Ihre Fragen.

Das hilft mir dabei, meine Bücher stetig zu verbessern und den persönlichen Kontakt zu meinen Lesern zu intensivieren.

Schon jetzt herzlichen Dank für Ihre Unterstützung!

Ich wünsche Ihnen viel Spaß und viel Erfolg!

Jamal Bouassiria

IHR KOSTENLOSES E-BOOK!

Ich habe viel von meinem Wissen sehr kompakt in dieses E-Book gesteckt.

Ich benachrichtige Sie aber auch ab und zu per Mail, wenn es etwas Neues oder Mehrwert-Content gibt. Außerdem teile ich Ihnen mit, falls es ein neues Buch von mir geben sollte.

Hier gratis DOWNLOADEN!:
https://bit.ly/2XxTrrq

Diese Bücher können Sie ebenfalls im Amazon Kindle Shop als eBook und Taschenbuch für wenig Geld erwerben.

Hier Sie finden die Bücher:

Von mir:

https://amzn.to/2C3xN5d

Von unserer Agentur:

https://amzn.to/2C1Jxp1

Von meinen Kollegen:

https://amzn.to/2UjJXya

https://amzn.to/2Es6Atw

Autor

Jamal Bouassiria ist ein deutsch-marokkanischer Journalist, Politikwissenschaftler und Unternehmer im Online-Marketing.

In Marokko aufgewachsen entschied er sich nach dem Abitur für ein Studium der Politikwissenschaft in Deutschland.

Nach Studienabschluss an der Universität Oldenburg begann Jamal Bouassiria seine Promotion im Fach Politikwissenschaft. Während einer zusätzlichen Ausbildung in der Journalistenschule entdeckte er seine große Leidenschaft für den Online-Journalismus.

Jamal verfasste von nun an Artikel als freier Journalist und veröffentlichte sie im Internet, sowohl in deutscher als auch in arabischer Sprache. Zudem wurde er Mitglied in der marokkanischen Journalistengewerkschaft und dem Deutschen Verband der Pressejournalisten.

Ihm kam die Idee sein politisches Grundlagenwissen aus dem Studium mit seiner journalistischen Leidenschaft mittels der neuen Medien zu verbinden:

Der Grundstein für sein eigenes Nachrichtenportal Germany-Afrika-TV.com in deutscher und arabischer Sprache war damit gelegt.

Die Nachrichtenwebseite versucht eine Brücke zwischen den Deutschen und Afrikanern zu schlagen und so gute Beziehungen aufzubauen. Eine weitere Besonderheit des Portals ist die Tatsache, dass jeder dabei mitmachen kann. Zudem gibt es Verlinkungen zum Onlinehandel: Durch den Kauf in diesen Online-Shops wird die Webseite direkt unterstützt und finanziert.

Neben der Gründung des Nachrichtenportals und verschiedener Online-Unternehmen - darunter eine Marketingagentur und diverse E-Commerce-Shops - berät Jamal Bouassiria Unternehmen sowie Politiker und Parteien in Marokko, u.a. den Gesundheitsminister, im Bereich Öffentlichkeitsarbeit und der Kommunikation mit Menschen.

Dabei fiel ihm auf, dass viele Politiker und Politikwissenschaftler, z.B. Professoren, wenig Onlinepräsenz - vor allem in den Social Media - oder nur veraltete Webseiten haben und nur wenig oder keine Bloggeraktivitäten zeigten.

Daraufhin gründete Jamal 2016 die Agentur "Afripa Media Service", um weltweit verschiedene Leistungen im Bereich Internetdienste und Online-Marketing anbieten zu können. Seine Tätigkeiten sind darauf spezialisiert, sowohl Privatpersonen als auch Unternehmen in den Bereichen Online-Marketing, vor allem Werbung in den Social Media, Werbetextgestaltung und SEO, auszubilden.

Jamals weitere Leidenschaften sind das Reiten in freier Landschaft und das Reisen.

„Wer nicht wirbt, stirbt“

Henry Ford

2. Auflage

Kontakt:
Jamal Bouassiria/Gustav-Heinemann-Str. 41/ 28215 Bremen

Covergestaltung: Afripa Media Service

https://www.afripa-media-service.com/

Coverfoto: http://www.canva.com/ pixabay.com

27968976R00031

Printed in Great Britain
by Amazon